저한테 왜 그러세요

그러세요

저자 이성경

창조와 지식

저항흔데 왜 그러세요

초판 1쇄 발행_ 2022년 9월 30일
지은이_ 이성경

펴낸이_ 김동명
펴낸곳_ 도서출판 창조와 지식
인쇄처_ (주)북모아

출판등록번호_ 제2018-000027호
주소_ 서울특별시 강북구 덕릉로 144
전화_ 1644-1814
팩스_ 02-2275-8577

ISBN_ 979-11-6003-490-5(03230)

정가_ 12,000원

저한테

왜

그러세요

글을 시작하면서

말주변이 없고, 글을 잘 쓸 줄 모르는 내가 책을 쓰게 되다니 놀라운 일이다.

　이 책을 읽는 모든 분들이 살아계신 주님을 체험하고, 이 땅에서 순종하며 천국을 누리는 복된 삶이되길 기도하면서 썼다.

　언젠가부터 기도 중에 주님께서는 책을 쓰라는 마음을 주셨다. 물론 나는 할 수 없다고 했다. 여러 해 동안 잊을 만하면 한 번씩 그런 마음을 주신 것 같다.

　'개인적으로 만나는 사람에게 간증하는 것은 가능해요.'

　"사람들이 저처럼 이렇게 웃고 있어서 때로는 당신만 아픈 것 같지요? 그러나 우리 모두에게는 아픔이 있어요. 그러니 주님 손을 잡고 일어나세요."라고 일대일로는 말할 수 있을 것 같다. 그리고 하나님이 정말 살아 계신다는 것을 알리는 것은 가능하지만, 제 남편이 주님을 만나기 전에 책을 쓰는 것은 불가능하다고 말씀드렸다. 그러나 계속해서 작성하라는 마음을 주셨다.

　바로 그다음 날이었다. 직장 동료이자, 개척교회 목사님의 사모님이신 황빛나님께서 평신도 사역자로서 책을 써보는 것은 어떻겠냐고 말씀하셔서 깜짝 놀랐다. 본인도 왜 이런 말을 하는지 모르겠다고 덧붙였다.

　지금까지는 그랬다. 그건 내 마음일까? 내 욕심일까? 분명 그런 것은 아니었다. 왜냐하면 나와 내 가족의 삶이 드러나는 것은 너무나도 부끄러운 일이기 때문이다.
　'그렇다면 정말로 주님이 주신 마음일까? 왜? 누가 나 같은 사람이 쓴 책을 본다고...'
　기도를 여러 번 했지만 알 수가 없었다.

　날 위해 십자가에 달려 돌아가신 예수님을 생각하면 눈물이 날 정도로 감사를 드린다. 그렇기 때문에 내가 그 분을 위해 못 할 일 또한 없다고 생각된다. 머리로는 그렇게 생각하지만, 마음으로는 도저히 그렇게 할 수가 없다. 그런데 황빛나님으로부터 그런 말씀을 들으니 내 마음이 아닌 것은 확실했다.
　'그래, 써 볼까? 써 보자.'
　일단 기억나는 대로 두서없이 쓰더라도, 주님께서 미리 예비해두신 어딘가에 계실 편집장님께서 잘 편집해 주시겠지 싶다. 아니 주님께 그 동안의 일들이 기억나게 해달라고 기도드렸다.

이미 두 번의 순종으로 나의 삶을 참 평안으로 이끄신 주님을 믿기에, 부끄럽지만 나는 이렇게 또 순종하기로 마음먹었다.

내가 내 마음대로 살면서 내 인생의 주인으로 사는 동안에는 참 평안을 얻을 수 없다는 것을 확실하게 깨달았기 때문이다. 나를 지으시고, 이 땅에 보내시고, 늘 나와 동행하시고, 지켜봐 주시는 주님께 감사를 드린다.

> 내가 그리스도와 함께 십자가에 못 박혔나니
> 그런즉 이제는 내가 사는 것이 아니요
> 오직 내 안에 그리스도께서 사시는 것이라
> 이제 내가 육체 가운데 사는 것은
> 나를 사랑하사 나를 위하여 자기 자신을 버리신
> 하나님의 아들을 믿는 믿음 안에서 사는 것이라
> (갈라디아서 2:20)

이 책으로 인한 모든 수입은 개척교회를 위해 사용할 것을 주님께 약속드리며, 감사와 찬양과 영광을 오직 우리 하나님 아버지께 올려드린다.

목차

사건 /

하나님 참 감사합니다! 제가 의부증에 걸리지 않게 해주셔서요. 그리고 저에게 여전히 남편을 사랑할 수 있는 마음을 부어 주셔서요. 이제 제가 참 평안을 누리게 해주셔서요. 너무나도 평안해서 두려울 때가 있어요. 저를 불쌍히 여겨주세요.

> 내가 누려왔던 모든 것들이
> 내가 지나왔던 모든 시간이
> 내가 걸어왔던 모든 순간이
> 당연한 것 아니라 은혜였소
> (제목: 은혜, 작사: 손경민)

모든 것이 주님의 은혜임을 고백합니다. 어느 것 하나 주님의 은혜가 아닌 것이 없습니다. 정말 감사합니다.

나는 만삭의 몸이었다.

이제는 다 용서했다고 생각했는데, 막상 내 이야기를 쓰기 위해 책상에 앉고 보니 울컥한다. 내 안에 아직도 쓴 뿌리가 남아 있음을 상기시키신다. 주님께서 언젠가 그것까지도 뽑아주시고, 치료해 주실 것을 믿기에 감사합니다!

샤워할 때 욕실 문을 잠그지 않았던 남편이 문을 잠그고, 밤에 안기려 하면 나를 밀어냈다. 그러나 한 번도 그를 의심해 본 적이 없었다. 그러던 어느 날 남편은 마치 성당에서 신부님께 고해성사라도 하듯 나에게 말을 꺼냈다. 이미 남편의 한쪽 눈의 망막 혈관이 터진 다음이었다. 남편은 직장 상사와 룸싸롱에 갔고, 그곳에서 직업여성과 부적절한 관계를 맺은 후 헤르페스(Herpes)라는 성병에 걸린 것이다.

나는 그런 병명이 있는지조차 몰랐다. 하늘이 무너져 내리는 것만 같았다. 남편은 이어서 말을 계속했다. 그 병은 나에게도 옮길 수 있고, 아이를 낳으면 아이에게도 옮긴다고 했다.

'그래서 밤마다 나를 멀리했구나.'

나 몰래 약을 바르기 위해 욕실 문을 잠근 것이었다. 욕실을 청소하다가 분홍색 약통을 발견했다. 남편은 욕실 수납함 제일 윗면, 내가 볼 수 없는 곳에 그 약통을 숨겨 두었다.

둘째를 계획해본 적은 없다. 하지만 생각할수록 화가 치밀어 올랐다. 아이를 낳을 수 있는데 낳지 않는 것과 못 낳는 것은 차원이 달랐다.

남편은 그 일로 극도의 스트레스를 받은 것 같다. 그날 이후로도 스트레스를 받을 때마다 종종 망막의 혈관이 터졌다. 안과 선생님께서는 실명까지 갈 수가 있다고 했다. 몇 번의 시술로 더 이상 나빠지는 것은 막을 수 있었으나 더 좋아지지는 않는다고 했다.

그러나 그는 그날 내게 고백한 이후로 평안을 얻은 것 같아 보였다. 그렇게 나의 지옥 같은 생활은 시작되었다. 남편은 모든 걸 다 잊고, 잘 먹고, 잘 사는 것 같았다. 차라리 나에게 말을 하지를 말지... 내가 모르고 살았으면 좋았을 텐데... 본인 혼자만 그 고통을 감당했으면 좋았을 것을... 그는 나쁜 인간이다.

하나님보다 더 신뢰했던 남편에게 받은 배신감이란 지금도 말로 다 표현할 수가 없다. 지금 생각해보면, 남편은 내게 우상이었다. 하나님보다 더 사랑한 나의 우상. 나는 그 일이 일어나기 전까지 전적으로 남편만을 의지하고 살았다. 그래서 나에게 이런 일이 일어난 것일까?

자정이 넘었는데도 만삭의 몸으로 산동네를 걷고 또 걸으며 생각했다. 남편은 저만치 떨어져서 내 뒤를 계속 따라왔다. 더 이상은 그를 믿고 살아갈 자신이 없었다.

"여보, 우리 이혼하자."

남편은 내가 더 잘 할 테니 이혼하지 말자고 했고, 나는 믿어주기로 했다.

결혼 전에 나는 약 2년을 넘게 남편을 짝사랑했다. 왜 그렇게 좋았는지 모르겠지만, 그냥 좋았다. 밉다가도 싫다가도 어느새 좋아진다. 하나님도 나를 볼 때 그러실까? 그냥 마냥 예뻐하실까?

그러나 남편이 달라진 것은 하나도 없었다. 무엇을 어떻게 잘 하겠다는 것인지도 알 수가 없었다. 술을 마시는 횟수라도 줄였으면 좀 나았을까. 남편의 술 마시는 횟수는 점점 더 늘어갔고, 부부싸움 횟수 또한 그에 비례했다. 날씨가 좋아서 술, 안 좋아서 술, 기분이 좋아서 술, 안 좋아서 술, 음식이 맛있어서 술, 맛이 없어서 잘 안 넘어가니까 술과 함께 먹어야 한단다.

성격이 좋아서 그런 것인지 만날 사람이 많아서 늘 술이다. 직장 동료, 선후배, 친구들도 지긋지긋한데 이웃사촌들과도, 아파트 입주자대표를 하면서도, 심지어 교회에서 성가대를 하면서도 성가대원들과도 술을 마셨다. 나는 누가 알기라도 할까봐 걱정이 되어서 같이 하던 성가대를 그만두자고 했다. 정말 지긋지긋했다.

  그렇지만 지금은 다르게 생각한다. 언젠가 남편이 주님을 만나게 되면, 그 많은 술친구들을 주님께로 인도할 것이라는 믿음이 생겼다. 그 인간의 간은 왜 그렇게 회복력이 좋은 것인지 (지금은 감사한 일이지만...) 일 년 365일 중 마치 350일 이상 술을 마시는 것처럼 느껴졌다. 정말이지 일주일 내내 하루도 빠지지 않고 술을 마시기도 했다. 나는 점점 지쳐만 갔다. 아니 미쳐가고 있었다.

사건 2

어느 날 밤, 늦은 시간이었다. 생리 전이라 그랬는지 나는 극도로
예민했던 것 같다. 술에 잔뜩 취한 남편은 막내 시동생과 함께 집에
왔다. 전화도 한 통 없이 말이다. 그것도 술을 더 마시겠다고 데리고
온 것이다.

딸아이와 나는 거실에 있었는데, 아이는 자고 있었고, 나는 TV를
보고 있었다. 나는 시동생과 마주치고 싶지도 않아서 자는 척을
했다. 때마침 시동생은 술을 사오겠다며 나갔다. 벌떡 일어나서
남편에게 화를 내며 다투고 있는 중에 시동생이 돌아왔다. 자기
형에게 화를 냈다고 그런 것인지, 본인이 온 것을 반기지 않는다는
것을 눈치라도 챈 것인지 좌우지간 이유는 알 수 없었으나 시동생은
소리를 지르며 거실에 있는 빨래걸이를 내동댕이쳤다. 빨래걸이와
함께 널어 둔 옷이 내동댕이쳐지자 손이 떨리고 심장이 벌렁거렸다.

나는 옆에서 자고 있는 딸아이가 깨지나 않을까 놀라서

돌아보았다. 다행이도 잘 잔다.

'주님, 감사합니다.'

무식한 시동생을 보며 공포감을 느낀 나는 즉시 112에 전화를 걸었다. 술 취한 시동생이 집에 와서 소리치고 난동을 부린다며 신고를 했다. 이웃집 보기에는 창피했으나, 방문하신 경찰관들 덕분에 상황이 잘 종료되었기에 차라리 잘 된 일이라고 생각했다.

시댁 식구들과의 안 좋았던 기억들이 떠오른다. 남편은 삼 형제 중 장남이다. 결혼 후, 첫 명절에 시댁에서 윷놀이를 했다. 시부모님, 시동생 두 명, 그리고 우리 부부 이렇게 세 팀으로 나뉘었다. 이긴 팀에게 팀당 2천 원씩을 모아서 주는 게임이었는데, 도중에 둘째 시동생이 화를 내며 안 한다고 나가는 게 아닌가. 이게 뭐라고. 어이가 없었다.

남편은 언제나 누구하고 무엇을 하던지 간에 승부욕이 강했다. 딸아이와 블루마블(Blue Marble) 게임을 할 때도 그랬다. 결국엔 딸아이가 져서 엉엉 울고는 했다.

아마도 둘째 시동생은 연로하신 부모님께 져드리지 않았다고 그랬던 것 같다. 나는 그 뒤로 시댁에서 웬만하면 아무것도 하지 않기로 마음먹었다. 술 마시면서 대화하다가도 누구 하나 화내고 일어나는 등 분위기가 참 이상했다. 물론 항상 그런 것은 아니지만 모일 때마다 내 마음은 늘 불안했다.

이혼해야지

나는 성경 말씀을 잘 몰랐다. 그런데 어느 날 '이방인과 결혼하지 말라'는 구약의 말씀이 생각났다. 그래서 내가 이렇게 힘든 결혼 생활을 하는 것만 같았다. 결혼은 내 마음대로 했지만, 이혼까지 그렇게 할 수는 없었다. 더 이상 죄를 짓고 싶지 않았던 것 같다. 뭔가 하나님 뜻대로 하면 더 나은 삶을 살 수 있으리라는 기대가 있었을까.

하루 종일 속으로 '이혼하게 해주세요.'를 기도라고 하고 다녔다. 눈을 뜨자마자, 잠들기 전까지, 시시때때로 나에게는 기도가 주문이 되었다.

그러던 어느 날 주일 예배시간이었다. 설교 시간이었는데, 목사님의 음성은 전혀 들리지 않고 아주 고요한 가운데 어디선가 잔잔한 음성이 들리는 것이 아닌가.

"이혼하지 마라. 이혼하지 마라. 이혼하지 마라."

그 당시에는 성령님의 음성이라고 생각하지는 못했다. 나는 이혼해야 하는데, 왜 이혼하지 말라는 것인지... 나는 그날 이후로 교회에 발길을 끊었다.

나중에 알게 된 것인데, 남편은 모태신앙이다. 사춘기 때 교회에서 좀 문제를 일으켰다고 쫓겨났단다. 나 같은 꼴통까지도 포용해야 하는 교회가 그렇지 못하다면서 교회를 좋지 않게 생각한다.

말하기 전까지는 알 수 없었는데 나보다는 낫지 않은가. 나는 점을 보고 굿도 하던 집안에서 태어났다. 친할머니는 우리 자매를 데리고 무당집에 데려가서 잠을 자기도 했단다.

그런데 어느 날부터인가 미취학생인 내가 집에서 좀 떨어진 곳에 있는 교회를 다니기 시작했다고 한다. 어린 아이가 혼자서 어떻게 그 멀리까지 다니게 되었는지는 기억이 나지 않는다. 그때는 아빠 사업이 잘 되었던 시기라 먹을 것이 풍족했는데도 불구하고 교회에서 사탕을 받으면 언니와 남동생에게 나누어 주었다고 했다. 그리고 그 다음 주일에는 우리 삼 남매가 다 같이 교회를 갔다고 한다. 그러면 엄마는 우리 삼 남매를 혼내거나 벌을 주셨다. 혹시라도 시어머니가 알게 되면 불벼락이 떨어지거나 엄마를 때릴 것이기 때문이었다. 그러면 언니와 동생은 교회에 안 나갔는데,

지한테 왜 그러세요

나는 어떤 상황에서도 끝까지 교회에 갔다고 한다. 그러다가 엄마를 전도하게 되었다.

외로웠다. 너무 너무 외로웠다. 뼛속까지 사무치게 외로웠다. 세상에 나 홀로 남겨진 기분이었다. 내가 결혼을 하지 않았다면 내 옆에 누군가가 없으니 외로울 수도 있다는 것을 당연하게 받아들였을 것이다. 그런데 그토록 사랑해서 불같이 연애하고 결혼했는데 어떻게 이런 일이 나에게 일어날 수 있다는 말인가.

그날의 일이 우리 부부에게 문제가 있던 상태에서 생겼던 것이라면 당연하게 받아들일 수도 있었으리라. 나에게도 성욕이라는 게 있다. 사랑하고 사랑받고 싶은 여자이다. 왜 사람들이 바람을 피우는지 알 수 있을 것 같았다. 외롭고 힘들 때마다 나는 교회로 향했다. 울면서 기도하다 보면 속이 후련했다. 그 마음을 주님 안에서 달랬던 것이다.

주 나의 모습 보네
상한 나의 맘 보시네
주 나의 눈물 아네
홀로 울던 맘 아시네
(제목: 주 은혜임을, 작사: 정선경)

주님은 찬양으로 나를 위로해 주셨다.

지금까지 살아 온 세월을 되돌아보면 주님은 늘 내 곁에 계셨다. 내가 홀로 울 때 내 곁에서 같이 울고 계셨다. 내 모습을 보시고, 홀로 울던 내 맘을 다 알고 계셨구나...

'사랑합니다. 주님!'

호주 여행

딸아이가 네 살 때 명절이었다. 나는 남편에게 호주로 여행을 가겠다고 했다. 남편은 내가 직장에서 해외연수를 간다고 시부모님께 거짓말을 했다고 한다. 그와 시간을 같이 보내고 싶지 않았다. 그의 가족 또한 보기도 싫었다.

남편은 딸아이와 함께 호주로 가는 나를 공항버스 타는 곳까지 배웅해 주었다. 이혼에 대한 내 마음은 확고했다. 그렇지만 아이에게 아빠가 필요할지도 모른다는 생각도 약간은 있었다. 버스가 출발한지 30분 즈음 지나서 남편에게 전화가 왔다. 딸아이가 너무 울어서 아직도 그 버스정류장에서 출발하지 못하고 있다는 것이었다.

사실 나는 그랬다. 내가 호주에 갔다가 과연 돌아올 수는 있을 것인가라는 생각이 문득 문득 들었었는데... 우선 아이를 진정시켰다.

"엄마가 여행 갔다가 돌아올게. 기다릴 수 있지? 잘 먹고, 잘 지내야 해. 약속!"

그 어린 것이 무엇을 안다고 그렇게나 울어 댔을까 싶어서 또 눈물이 앞을 가린다. 그래서 나는 더 이상 나쁜 생각은 하지 않게 되었다. '딸에게 아빠가 필요한 이유 100가지'라는 책을 들고 가서 비행기에서 오가는 동안 읽었다.

'내 아이에게 정말이지 아빠는 필요 없구나.'

책의 내용 중 해당 사항이 두어 가지 뿐이었기 때문이었다. 딸아이 생일에도 가족끼리 식사하는 것보다 친구와의 술자리를 더 즐겨하던 그였다.

"왜? 내가 꼭 같이 가야 해?"

누가 들으면 꼭 남의 딸아이의 생일 같았다.

식도암

도저히 결혼 생활을 이어갈 자신이 없었다. 이혼해야겠다는 마음이 최고조에 달았을 때, 시아버지께서 식도암 판정을 받았다. 결혼 6년 차의 일이었다. 치료받고 나으시든지, 가시든지 간에 내 할 도리는 다 하고 난 후에 이혼해야 되겠다고 생각했다. 그 당시 우리는 의정부에 살았는데 서울에 있는 병원까지 어린 딸을 데리고 대중교통으로 병문안을 다니고는 했다. 가끔은 반찬을 만들어서 가져다 드리기도 했다.

나는 생각나는 성경 말씀을 찾아서 메모지에 적었다. 그리고 아버님이 누워서도 보실 수 있는 위치의 수납함에 붙여 두었다. 병원에 방문할 때마다 그 말씀을 아버님께 읽어 드렸다. 내 입술은 아버님께 "두려워하지 말라"고 말하고 있었으나, 이상하게 두려웠다.

두려워하지 말라

내가 너와 함께 함이라

놀라지 말라

나는 네 하나님이 됨이라

내가 너를 굳세게 하리라

참으로 너를 도와주리라

참으로 나의 의로운 오른손으로 너를 붙들리라

(이사야 41:10)

그러나 아버님은 수술을 받은 후, 복수가 차서 며칠 내로 돌아가셨다. 솔직히 나를 낳아주신 내 아버지가 아니고, 정이 그렇게 많이 들지도 않았다고 생각했는데... 왜 그렇게 슬펐을까. 시아버지가 돌아가신 것이 내게는 큰 충격이었다. 주변에서 누군가의 죽음을 경험한 일이 없어서 그랬을까.

나는 누구인가?

삼우절이었다. 산소에서 예배를 드리는데 까마귀는 왜 그렇게 울어댔던지... 너무 듣기 싫고 기분이 좋지 않았다. 남편과 시동생이 부르는 찬양은 음치 중에도 음치라서 차마 들어줄 수가 없었다. 무반주로 불러서 그렇다. 나도 모르게 웃고 있는 내 자신을 발견했다.

'미치지 않고서야 이런 상황에서 웃고 있다니...'

집으로 가는 길에 주유소에 들렀고, 남편이 주유하는 도중에 나는 이미 내가 아님을 느꼈다. 갑자기 내가 차에서 내려서 편도 4~5차로쯤 되는 차도를 향해 가고 있는 것이 아닌가.

'어머머 내가 왜 이러지?' 하는 찰나에 그런 나를 남편이 뒤에서 끌어안아서 멈출 수가 있었다. 그 순간 딸아이의 이마에서 피가 질질 흐르는 모습이 보였다. 깜짝 놀라서 눈을 감았다 떴더니 사라졌다.

환영이었던 것이다. 남편에게는 나는 괜찮으니 딸과 함께 있으라고
했다.

화장실이 너무 급했다. 그런데 주유소에 있는 화장실은 불이
안 켜졌다. 그날은 유독 어둠이 무서웠고 이상한 기분이 들어서
화장실을 사용할 수가 없었다. 안쪽은 칠흑같이 어두웠고 꼭 무언가
있을 것만 같았다. 찻길을 따라 만들어진 인도를 무작정 걷고 또
걸었다. 꽤 기다란 울타리가 쳐져 있는 곳을 따라 걷는데 그 끝에는
언덕만 보일뿐 사람도 건물도 보이지가 않았다. 그 언덕에는 앙상한
나무들만 즐비해 있었다. 그 길 가운데에서 그만 볼일을 봐야겠다는
생각이 들었다.

'나는 도대체 누구인가? 대체 왜 이런 말도 안 되는 생각을 하고
있는 것인가?' 그 순간 시아버지의 환영이 보였다. 또 다시 깜짝
놀라서 눈을 감았다 떴더니 사라진 것이다.

그런데 그 울타리의 끝에 다다르자 안쪽에 작은 교회가 하나
있는 것이 아닌가. 일단 화장실을 사용했다. 그리고 무작정 그
교회의 사무실에 들어갔다. 어떤 남자분과 권사님이 계셨는데,
나도 모르게 그분들께 나 좀 살려 달라고 했다. 내가 좀 이상한 것
같다고... 그분들은 나에게 어디 갔다 오는 길이냐, 교회는 다니느냐,
시아버지의 귀신이 씌었네, 왜 시어머니나 다른 며느리한테 안

들어가고 이 집사님(저를 지칭함)에게 들어갔냐는 등 내 안에 있는 누군가에게 말을 걸었다. 나는 그들의 질문에 대답을 하고 있는 것이 아닌가. 이건 도대체 무슨 상황인 것인가? 나는 도대체 누구인가? 그 권사님은 기도를 하신 후, 우리 교회에 전화를 해주셨다.

아직도 궁금하다. 정말 시아버지의 영이었을까? 시아버지를 흉내 내는 악한 영이었을까? 시아버지는 이미 천국에 가신 것 같은데... 왜냐하면 돌아가신 모습이 마치 평안히 주무시는 것처럼 보였기 때문이다. 시고모부의 권유로 가족들이 함께 염(殮)을 하면서 나는 시아버지의 머리를 빗겨드리고 얼굴에 화장을 해드렸기에 알 수 있었다. 너무나도 평안한 모습이었다.

얼마나 시간이 지났을까. 우리 교회의 담임목사님께서 오셨다. 가는 도중 여러 가지 얘기를 나누었는데, 도착한 곳은 집이 아니라 교회였다. 이미 교회의 성도들이 많이 모여 계셨다. 기도의 용사들을 모으셨던 것 같다. 박 목사님께서는 나를 위해 한참을 기도해 주셨고, 모여 계신 분들 또한 같이 중보기도를 하신 것 같다. 나는 눈을 뜰 수가 없었다.

목사님은 한참을 기도하신 후, 나에게 무저갱으로 돌아가라고 하셨다. 나는 그곳이 어디냐고 물었더니, "네가 온 곳으로 돌아가"라고 하셨다. "이라크(Iraq)로 갈래요"라고 하자, 목사님은 "안 돼, 그곳은 우리 자이툰(Zaytun) 부대가 있어."라고 하셨다. 왜 '이라크'라고 했는지는 모르겠다.

생각하고 또 생각해도 어디로 가야할지 알 수가 없었다. 그러다가 지구의 배꼽이라고 불리는 에어즈 락(Ayers Rock)이 생각나서 "호주(Australia)로 갈래요."라고 하자 그곳으로 가라고 하셨다. 눈을 떠보니 목사님의 얼굴은 땀으로 젖어있었다.

며칠 후 뉴스를 보고 알았다. 호주에서 인종폭동이 크게 일어나서 난리가 났다기에 깜짝 놀랐다. 설마... 나랑 연관이 있는 것은 아니겠지... 만약 내게 뭔가가 씌었던 게 맞는 것이라면... 예수님께서는 왜 군대마귀를 돼지 떼에게 보내서 그 돼지 떼가 바다로 들어가게 하셨는지 이해가 되었다.

사건 3

　한동안 괜찮았는데, 나는 잠도 잘 못 자고, 먹는 것도 잘 못 먹었다. 평범한 일상생활이 쉽지가 않았다. 친정엄마가 집에 와 계셨다. 며칠 동안 집안 살림을 도맡아 해주셨다. 속으로 기도도 많이 하셨을 것을 안다.

　나는 빨간색 펜으로 유서를 쓰기도 했다. 아파트 옥상에 올라가고 싶다는 생각이 자주 들었으나 무서워서 올라가 볼 엄두도 내지 못했다. 아니 그러고 싶지 않았다. 옥상에 올라가면 뛰어내리고 싶어질 것만 같았기 때문이다. 그렇게 한다면 과연 죽을지 살지도 알 수 없었지만 딸아이도 나 같은 인생을 살 것처럼 느껴졌다. 내 대(代)에서 이런 나쁜 행동은 끊어야 한다는 생각이 들었다. 뭔가 나쁜 피가 흐르는 것처럼 느껴졌다.

　내가 21살 때였던 것 같다. 엄마가 자살하려고 했다는 것을 알았다. 어릴 때부터 식사할 때마다 엄마의 목이 개구리의 양쪽

볼처럼 부풀어 오르는 게 참 이상했다. 그냥 아파서 수술을 받았거니 여겼는데... 언니가 내게 귀띔해 주어서 알았다. 다 기억하고 있는 언니는 아마도 내가 충격을 받을까봐 성인이 될 때까지 입을 꾹 다물었나보다.

나는 엄마에게 물어봤다. 아니라고 부정은 못 하셨지만 얼버무리셔서 자세한 사정은 알 수 없었다. 그 후로 나는 다시 묻지 않았다. 엄마의 아픈 과거를 들추고 싶지 않았던 것이다.

그래서일까? 나는 어떤 상황에서도 나 자신을 보호해야 한다는 생각이 점점 강해졌다. 나를 보호할 수 있는 사람은 나뿐이니까, 내가 더 강해져야 한다고 생각했다.

'그 누구도 믿지 말자. 나는 내가 지켜야해.'

책을 쓰기로 결심한 후, 엄마에게 그날의 일을 다시 여쭈었다. 엄마는 엄마를 괴롭혔던 많은 사람들을 이제는 다 용서했다고 한다. 엄마도 나처럼 참 평안을 누리는 것 같아서 좋다. 우리는 주님께 두 손 두 발 다 들기로 작정했다. 주님 뜻대로 살기로 했다. 우리의 나약함, 그리고 불순종하는 고집 센 옛사람을 십자가에 못 박기로 했다. 오늘도 감사한다.

엄마는 도대체 얼마나 힘들었으면 그런 선택을 하셨을까. 하루는 어버이날에 친정에 가려고 아빠에게 35원을 달라고 하셨다. 그 당시 35원이 편도 차비였고, 집에 올 때는 외할머니에게 빌려서 오려고 하셨다. 그런데 밖에 나가서 몽둥이를 들고 온 아빠는 엄마의 등짝을 사정없이 때렸다고 한다. 그래서인가 지금도 엄마는 가끔 등허리가 아프다고 하신다.

도저히 이해가 안 된다. 장인어른이 살아계셨어도 그런 행동을 하셨을까? 시어머니에게 맞고, 남편에게 맞고... 하루는 엄마가 엉엉 울고 있을 때, 누군가가 귀에 대고 울면서 알 수 없는 노래를 불렀다고 한다. 나중에 교회를 다니고서야 그 노래가 찬송가라는 것을 알게 되었다고 한다.

"주 안에 있는 나에게 딴 근심 있으랴
십자가 밑에 나아가 내 짐을 풀었네
주님을 찬송하면서 할렐루야 할렐루야
내 앞길 멀고 험해도 나 주님만 따라가리"
(제목: 주 안에 있는 나에게, 작사: E. E. Hewitt)

엄마에게는 내가 상상할 수 없을 만큼 견디기 힘든 나날이 계속되었던 것 같다. 그러던 어느 날 아빠는 우리 삼 남매를 다른 형제들에게 맡기고 엄마한테 이혼을 하자고 하셨다.

그렇게 몇 주가 지나서 사달이 난 것이다. 엄마는 염산을 사기 위해 약국에 가셨다. 약사가 판매할 수가 없다고 하자 변기를 청소하는 데 꼭 필요하다고 거짓말을 해서 샀다고 했다. 그렇게 얻은 염산을 수건으로 감싼 후 도봉산에 올라가서 한 병을 다 마신 후 쓰러졌다고 했다.

장을 잘라서 다 타버린 식도에 이어붙이는 수술을 두 번 받았다고 했다. 엄마가 중환자실에서 깨어나자 수술을 집도했던 의사 선생님께서는 박수치면서 기뻐했다고 한다.

"우리가 최선을 다해서 수술을 했지만, 우리가 살린 게 아니라 저 위에 계신 보이지 않는 신이 살린 것입니다."

정신병동 입원 /

　내가 살고 있던 7층에서 떨어지면 어떻게 될까? 베란다 난간에 매달려서 아래를 내려다보고는 했다. 지나가는 사람들, 깔깔대며 웃고 뛰어노는 아이들이 보였다. 나만 빼고 다 행복한 것 같았다. 나는 집에 날라 온 고지서조차 납부를 못 해서 연체료를 내기도 하는 등 일상생활이 힘들었다. 무기력한 내 자신을 이대로 둘 수는 없었다. 언니는 내가 정신과 상담을 받도록 도와주었다. 그러나 그것으로는 충분하지가 않았다.

　남편과 상의 후 정신병동에 입원을 했다. 나에게는 쉼이 필요한 것 같았기 때문이었다. 처음에는 시댁에 맡긴 딸아이조차 생각이 안 났다. 그저 멍했다. 남의 병실을 여기저기 돌아다니다가 성경책을 발견했다. 주인도 없는 병실에서 그 성경책을 들고 내 침대로 돌아왔다.

　'내가 남의 물건에 손을 대다니...'

무작정 성경책을 읽어 내려가다가 어느 순간 딸아이가 생각났다. 아니 주님이 생각나게 해주신 것 같다. 그 즉시 성경책을 제자리에 두고 왔다.

빨리 치료받고 정신을 차려서 딸아이에게 가야겠다는 생각이 들었다.

'병원에서 하는 모든 치료에 적극적으로 참여하자.'

음악치료 시간에는 노래방 기기를 틀어 주었는데, 모르는 사람들 앞에서 신나게 노래 불렀다. 미술치료 시간에는 열심히 그림을 그렸고, 역할극 시간에도 "저요! 저요!"하면서 제일 열심히 참여했다. 인턴 선생님들은 나더러 교육자였냐고 물어보시면서 내 직업을 궁금해 하셨다. 밥도 열심히 먹고, 약도 꼬박꼬박 먹었다. 몇몇 환자들과 대화를 나누어 보니 다들 마음이 아파서 온 것 같았다.

언니와 부모님이 면회를 오셨다. 짧은 면회 시간 동안 우리는 서로 말을 잘 잇지 못했고, 나는 엄마가 갖고 오신 과일만 먹으면서 그저 눈물을 참았다. 아니 우리 서로 눈물을 참느라 애썼으리라.

입원한지 2주일이 다 되어 가는데, 의사 선생님은 나를 퇴원시킬 생각이 없으셨다. 아마도 내가 아직 일상생활을 할 정도로 치료되었다고 생각하지 않으셨던 것 같다. 나 역시도 같은 생각이었다. 그렇지만 딸아이가 너무 보고 싶었고, 몇 백만 원이 넘는 병원비도 걱정이 되어서 견딜 수가 없었다. 언니에게 퇴원할 수 있도록 도와달라고 부탁을 했다. 남편은 의사 선생님의 말씀을 따르려고 했다. 언니와 남편은 싸우게 되었고, 결국 언니가 모든 것을 책임지기로 하고 퇴원할 수 있었다. 만약 언니가 아니었다면 내가 병원에 얼마나 더 있어야 했을지 모르겠다.

나는 조울증(양극성장애) 환자이다. 조울증은 기분 장애의 대표적인 질환 중 하나이며, 약을 통해 호르몬 조절이 필요한 것으로 알고 있다. 왜냐하면 호르몬 분비가 본인의 의지대로 되지 않기 때문이다. 퇴원 후에도 통원치료를 받으면서 약을 꾸준히 복용했다. 의사 선생님께서 그만 먹어도 되겠다고 하실 때까지 말이다.

하루는 구역예배 중이었다. 교구 목사님께서 우울증 같은 병은 병원에 갈 것이 아니라 하나님께 기도로 매달려야 한다며 남 얘기하듯 말씀하셨다. 나는 한 말씀 드리고 싶었지만 참았다.
'그러면 감기에 걸린 사람은 왜 병원에 가서 주사도 맞고 약도 먹는 것인가? 목사님은 본인의 가족들이 감기에 걸리면 병원에 가지 말고 기도하라고만 하시나?'
그 말씀이 이해가 안 갔다. 내가 그런 종류의 약을 먹고 있다는 것을 알았더라도 구역 식구들이 있는 앞에서 대놓고 그렇게 말씀하셨을까. 그 목사님의 믿음은 아마도 내가 상상할 수 없을 정도로 컸는지도 모르겠다. 하지만 나는 그 말씀에 절대로 동의할 수 없다.

나는 성령 충만한 상태와 조증의 차이가 무엇인지 궁금하다. 사실 이제는 기쁨의 감정을 느낄 때마다 살짝 두렵다. 왜 나는 이런 병에 걸린 것일까? 남편의 말대로 유전일까? 그렇지만 결혼 전까지는 아무 문제가 없었는데...

나는 어릴 때부터 긍정적인 편이었다. 신기하게도 거의 항상 감사했다. 넘어져서 무릎에 피가 나면, '하나님, 다리가 부러지지 않아서 감사합니다.'라고 생각했고, 데살로니가전서 5:16~18의 말씀처럼 살았던 것 같다.

> 항상 기뻐하라
> 쉬지 말고 기도하라
> 범사에 감사하라
> 이것이 그리스도 예수 안에서
> 너희를 향하신 하나님의 뜻이니라
> (데살로니가전서 5:16~18)

감사 1

  혼자 있거나 누군가를 만나러 가는 길에는 주로 주님께 말을
걸고는 했다.
  "예수님, 오늘 친구를 만나러 가기 때문에 기분이 좋아요. 만나면
무슨 얘기를 나눌까요…"
  그러나 주님께 받은 대답은 늘 없었다. 그렇지만 거의 항상 기분이
좋았다. 그러다가 누군가 지나가기라도 하면, 혹시나 내가 미친
사람처럼 보일 것 같아서 속으로 말을 이어갔다.

  한 번은 엄마한테 혼이 났다. 나는 장독대에 올라가서 가장자리를
돌면서 맑고 파란 하늘을 올려다보며 아뢰었다.
  '하나님, 저 억울해요. 아시죠? 왜 저만 혼나야 하는지
모르겠어요…'
  그러다가 장독대 계단 쪽에서 발을 헛딛고 떨어졌다. 어디

부러지거나 얼굴에 크게 상처가 생기겠구나 싶었는데 신기하게도 아랫입술 안쪽만 찢어져서 피가 났다. 턱도 멀쩡하고 치아도 흔들리지 않았다. 물론 다른 곳도 모두 멀쩡했다. 참 감사했다.

어떤 날은 운전하면서 찬양을 크게 틀어 놓고 신나게 아주 열정적으로 따라 부르고 있었다. 마치 나 혼자 부흥회를 하는 것 같았다. 그러다가 미처 빨간색 신호등으로 바뀐 것을 못 봤던 것이다. 길을 건너자마자 경찰관에게 붙잡혀서 신호위반 딱지를 발급 받아야 했다.

'하나님, 감사합니다. 횡단보도를 건너는 사람이 없어서 감사! 그 경찰관을 통해 제가 자제할 수 있도록 도와 주셔서 감사합니다.'

정신병동 입원 2

내 결혼 생활은 무척이나 힘들고 우울했다. 그러나 교회에 가서 예배드리고 기도하고 나면 새로운 힘을 얻는 듯 했다. 다시 집에 돌아오면 또 우울했다. 그런 생활을 반복해서 조울증에 걸린 것일까?

내가 약을 끊고 일상생활을 잘 해나가고 있던 어느 날, 엄마가 정신병동에 입원했다는 전화를 받았다. 우리 삼남매가 다 커서 그런지 아빠는 엄마를 더 이상 때리지는 않았지만 여전히 엄마를 많이 괴롭히는 것 같았다. 특히 우리가 없을 때만 더 교묘하게 그러시는 것 같았다. 엉엉 울면서 병원으로 달려갔다.

어릴 때 꾸었던 꿈이 생각났다. 내가 잠시 집을 나갔다가 돌아왔는데 동네 집들이 모두 폭격을 맞았는지 부서져 있었고

곳곳에서 하얀 연기가 나고 있었다. 그런데 엄마가 골목 어귀에 앉아서 손가락으로 고무줄을 튕기고 있는 게 보였다. 가까이 가서 "엄마, 여기서 뭐해?"라고 물었더니, 우리 성경이를 기다리고 있다고 했다. 정신이 나갔는지 나를 못 알아보셨다.

성인이 된 지금까지도 그 꿈이 생생하다. 나는 그날 이후로 결심했다. 어떤 상황이 오더라도 엄마를 떠나지 않기로 말이다. 엄마를 지켜 드리기로 결심했다.

그런데 내가 너무 나 자신만 돌보느라 엄마를 챙겨드리지 못 한 것 같아서 죄송했다. 결혼 후 몸은 떨어져 있어도 전화라도 자주 드렸어야 했는데... 나 때문에 엄마가 그렇게 된 것만 같았다. 내가 지켜드렸어야 했는데...

면회시간이 되었다. 엄마는 내가 입원했을 당시처럼 멍해 있었다. 엄마의 병은 우울증이다. 그러나 내가 입원한 경험이 있었기에 엄마를 이해할 수가 있었다. 환자복을 입고 있는 엄마를 보고 있자니 너무 슬퍼서 눈물이 앞을 가렸지만, 나처럼 나을 수 있다는 믿음도 있었다. 내가 먼저 입원을 한 것은 이때를 위함이었나보다. 하나님께 감사드렸다.

엄마의 엄마인 외할머니는 팔자가 세다는 이유로 후처가 되었다.

그런데 남편인 외할아버지가 엄마가 15세 때 돌아가셨다고 한다. 조강지처가 있는 상태에서 둘째 마누라로 사는 게 얼마나 스트레스 받는 일이었을까. 그래서 그런 것인지 온갖 화풀이를 엄마에게 하셨던 것 같다. 엄마는 외할머니의 감정의 쓰레기통이었던 것이다.

그런 엄마의 결혼 생활이라도 평탄했으면 좋았을 텐데 그렇지가 못했다. 아빠는 주로 우리 삼남매가 없을 때 엄마를 때리고 협박하기를 일삼았다. 우리 삼남매가 있을 때에도 소리치면서 살림을 부수기도 했다. 정신병원에 처넣겠다고 여러 번 으름장을 놓기도 했다. 나에게 그곳은 생각만 해도 무시무시한 곳이었다. 어둡고, 사람들을 무기력하게 하는 주사를 놓거나 약을 주고, 한 번 들어가면 죽을 때까지 못 나오는 곳으로 상상했었다. 내가 울면서 안 된다며 아빠를 말렸던 기억이 있다.

이혼서류

나는 이혼서류를 작성하고 도장을 찍었다. 그 서류를 약 15년 이상 책꽂이에 꽂아두었다. 언제든지 이혼할 준비를 하고 살았던 것이다. 지옥 같은 결혼생활은 유책배우자인 남편으로 시작된 것이지만, 나는 내 맘대로 하고 살았으므로 이제는 나 또한 유책배우자가 아니라고 말할 수는 없다. 외출을 안 하면 잘 씻지도 않았고, 남편에게 밥도 안 주고, 청소도 안 해서 집은 엉망이었다. 누가 집에라도 오겠다고 하면 소스라치게 놀라서 보이는 곳만 우선 급하게 청소를 했다.

딸아이가 무슨 죄인가 싶어서 겨우 겨우 아이를 돌보면서 살았던 것 같다. 아이마저 없었다면 '나는 과연 이 세상을 살아가고 있을까?' 하는 의문이 든다. 나는 내킬 때만 집안일을 하는 게 나를 위로하는 거랍시고 살았다. 아니 모든 게 하고 싶지 않았다. 정신줄을 붙들고 살기가 힘에 겨웠다.

지한테 왜 그러세요

언젠가 이혼을 하게 된다면, 이혼딱지를 붙이고 대한민국에서 살 자신이 없었다. (이혼이 나쁘다는 것은 아니다. 다만 내 성격에 그 누구한테도 상처받고 싶지 않은 마음이었다. 개인주의가 팽배한 다른 나라에서 살고 싶었던 것이었다. 아무도 나를 모르는 곳에서 새로 시작하고 싶었다. 오해하지 마시기를 바란다.) 아니 남편에게 평생 아이를 보여주고 싶지 않은 나쁜 마음도 컸던 것 같다.

그래서 대학원에 진학을 했고, 영어를 유창하게 구사해서 해외에서 취업해야겠다는 마음뿐이었다. 그러나 이미 주님이 이혼하지 말라고 말씀하셨는데, 내가 날을 지새워가며 아무리 영어 공부를 한들 그 공부가 잘 될 수가 있었겠는가.

지금은 내 나이가 40대 중후반에 들었기에 이제는 그 어느 누구도 나에게 '둘째는 왜 안 낳느냐, 둘째도 낳아라, 하나로는 안 된다.'라는 등의 말을 하지 않아서 참 좋다. 잊고 지내다가도 한 번씩 그런 말을 들을 때면, 그냥 웃거나, "주님이 하나만 주셨네요."라고 말했지만, 내 마음에 상처가 늘어만 갔다.

딸아이 1

   딸아이는 본인의 방에서 자다가도 어느새 안방에 와서 같이 잠을 자고는 했다. 대학생이 되어서까지도 가끔 안방 침대에 와서 잠을 자다가 자기 방으로 가고는 한다. 엄마 아빠랑 같이 자는 것을 참 좋아한다. 좁은 침대인데 항상 남편과 내 사이에 끼어서 자려고 했고, 내가 거실에서 공부하다가 지쳐서 그대로 잠들면, 아이는 남편과 둘이 잠들고는 했다. 그 때마다 내 마음은 편하지가 않았다. 항상 걱정하며 살았던 것 같다.

   왜냐하면 남편은 그러한 실수를 저지른 바로 그날, 기억하고 싶지도 않은 바로 그날, 술에 너무 취한 나머지 그 직업여성을 나로 착각했다고 말했기 때문이다.

   "오! 주여, 남편이 딸아이를 저로 착각하지 않게 도와주소서."

   나는 기도 응답을 받았다.

노래는 나의 인생

기분이 울적한 날이면 혼자서 노래방에 갔다. 특히 슬픈 가사는 모두가 다 내 인생을 반영한 것 같았다. 쉬지도 않고 노래를 두어 시간 부르고 나면 속이 시원했다. 가끔 밤늦게 가는 날은 남동생을 부르기도 했다. 동생은 힘든 내 마음을 알고 있는 듯 묻지도 않고 같이 노래를 불러주었다. 같이 노래를 불러줄 동생이 있어서 감사했다.

어떤 날은 남편과 저녁 식사 후에 노래방에 갔었는데, 거기서 나는 밤새도록 거의 쉬지도 않고 노래를 불렀다. 노래방 책을 펴 놓고 'ㄱ~ㅎ'까지 순서대로 아는 노래를 다 부르면 가능하다. 남편은 한 시간 가량을 같이 있다가 차에 가 있겠다고 하고는 나갔다. 날이 밝아서 나가보니 차 안에서 잠이 들어 있었다.

그날은 그렇게 노래를 불러도 속이 시원하지가 않았고, 목소리는 쉬지도 않았다. 그 인간은 나에게 아침식사를 하고 집에 가라고 했다. 그러고는 출근을 했다.

그 당시에는 아픈 내 마음만 생각했다. 남편과 딸아이를 헤아릴 겨를이 없었다. 그렇지만 지금은 안다. 그렇게 술을 마시고도 하루도 결근하지 않는 남편이 있어서 감사한다.

그런가 하면 어떤 날은 폭식하기도 했다. 음식물이 목까지 차오르는 느낌이 들면 위로가 되는 것 같았다.

내가 노래방에 자주 가는 것을 아는 친구 주원이는 가요를 끊고 찬양을 부르라면서 찬양 CD를 선물해주었다. 그런 친구가 있어서 참 감사한다.

이제는 잘 안다. 그렇게 속이 비어있을 때는 그 마음을 다른 어떤 것으로도 채울 수 없다는 것을 안다. 노래 부르기, 폭식하기, 명품 구매하기, 여행하기 등 잠깐 동안은 기분 전환이 된다. 하지만 그 마음을 바로 성령님으로 채워야 한다는 것을 잘 안다.

찬양의 힘

우리 교회의 수요찬양팀 팀원이 되면서, 평일에도 연습하느라고 많은 찬양을 부르게 되었다. 그 덕분에 주님이 날 사랑하심을 더욱 느끼게 된 것 같다.

'이혼하지 말라.'는 그날의 음성에 순종하고 싶어졌다. 나는 회개하고 이혼서류를 찢었다. 그러나 이미 나쁜 습관이 든 내 삶은 크게 변화가 없었다. 평안한 날이 지속되다가도 술에 찌든 남편을 보면 한 번씩 화가 나서 참을 수가 없었다.

그런 날은 딸아이를 안심시킨 후, 차를 몰고 나갔다. 갈 곳이 없었다. 부모님이나 언니에게는 갈 수가 없었다. 이런 나를 보면 속상해하기 때문이다. 친구들에게도 이런 모습을 보이고 싶지가 않았다. 밤에 무작정 강원도에 가서 밤바다를 보다가 차 안에서 잠들기도 했다.

어떤 날은 무섭게 차를 몰고 가다가 앞에 가고 있는 차를 치어버리고 싶다는 생각이 들었다. 앞질러서 가면 되는데 이게 무슨 끔찍한 생각이라는 말인가. 나는 카레이서(car racer)처럼 운전하기도 했다. 가끔 화가 치밀어 오르거나 극도의 스트레스를 받으면 나는 내가 아닌 것 같았다. 그러고 나서 얼마 후 속도위반 딱지가 우편함에서 기다리고 있었다. 후회가 밀려왔다. 그러나 지금은 안 그런다. 규정 속도를 잘 준수하는 편이다.

대학원 수강신청

대학원에는 화~목까지 수업이 있었는데, 화요일과 목요일에는 전공수업을 수강해야했고 수요일은 교육학 수업만 있었다. 수강 신청 기간이었다. 내가 특히 수강하고 싶은 교육학 과목이 1교시에 개설되었는데, 그 시간이 수요예배 시간과 겹치는 것이 아닌가. 나는 수강 신청하기 전에 기도를 드렸다.

'실력도 없는 저를 대학원에 입학시켜주셨다는 것은 공부를 하라는 말씀인거죠? 그러니까 이 과목을 신청하겠습니다. 그러나 제 뜻대로 마시고, 아버지의 뜻대로 하옵소서.'라고 했는데 있을 수 없는 일이 생겼다. 사실상 교육학 과목은 교육학과 모든 학생이 수강 신청하기 때문에 폐강될 일이 없는데 폐강이 된 것이었다. 공급은 적고 수요가 많기 때문에 폐강될 확률이 적었다.

그 뒤로 수요일에는 무조건 2교시 과목만 수강했다. 가끔 부흥회라도 있으면 예배를 다 드리고 지각을 하고는 했다.

새벽예배

나는 아침형인간이 아니다. 중·고등학교 시절 가끔 지각을 하고는
했는데, 아침마다 우리 집은 나로 인해 그야말로 전쟁이었다. 엄마는
여러 번 나를 깨웠다고 하셨지만, 잠을 깊게 자는 나는 그 음성을
들어본 적이 없기 때문이다. 그럴 때마다 나는 극도로 화를 내며
다녀오겠다는 인사도 없이 문을 쾅 닫고 집을 나섰다. 엄마가 나
때문에 얼마나 힘드셨고, 많은 상처를 받으셨을까. 나는 잘못한
일이 생각 날 때마다 죄송하다고 사과를 드린다. 그러면 엄마는 '응,
괜찮아.'라고 하신다. 엄마가 아니었으면 나는 아마도 중학교를
중퇴했을 것이다. 나 때문에 고생한 우리 엄마에게 하고픈 말,
"고마워! 사랑해!"나 같은 딸을 낳지 않은 것도 감사한다.

그랬던 나를 깨워주시면 새벽기도회에 가겠다고 기도를 드렸다.
우리 교회의 새벽예배시간은 5시 30분인데, 어느 날은 3시에 잠이

깨는 것이 아닌가. 아니 깨워주셨다고 생각했다. 나는 아침잠이 많기 때문이다.

"주님, 너무하시는 거 아니에요? 어떻게 이 시간에 저를 깨우실 수가 있나요?"하고 다시 잠을 청했다.

어떤 날은 5시 20분에 깼다.

"진짜 너무하시네요. 이 닦고, 눈곱 떼고 교회에 가려면 10분으로는 부족하다고요. 아휴..."

또 다시 잠을 청했다.

"오늘은 비가 와서 안 되겠어요."

"오늘은 허리가 아파요.."

온 갖가지 핑계란 핑계는 다 대다가 어쩌다가 새벽예배에 참석하고는 했다. 가끔은 적당한 시간에 깨워주셨기 때문이다.

"알았어요. 갈게요. 가."

이렇게 불순종하고, 게으르고, 악한 나를 위해 예수 그리스도는 어떻게 십자가에 못 박히셨을까? 절대로 이해할 수가 없다. 솔직히 나는 사랑하는 내 딸을 위해서조차 내 목숨을 내어 줄 수는 없을 것 같다. '순교' 같은 단어는 떠올릴 수조차 없다.

초등학교 3학년 아이

　불순종이 어디 그뿐이랴. 초등학교 3학년 때였다. 아빠의 사업실패로 좁은 단칸방에서 다섯 식구가 다 같이 생활했다. 그 당시에 학교에 다니면서 어떤 공부를 했는지, 친구들과 무엇을 하며 놀았는지는 전혀 기억이 나지 않는다.

　다만 방과 후에 약 1주일 넘게 곧장 교회로 갔던 기억이 있다. 집 바로 앞에 내가 다니는 교회가 있었다. 집에 가려면 그 교회를 지나가야만 했다. 창문이 한쪽에만 있기 때문에 한쪽은 어둡고, 다른 한쪽은 창문을 통해 햇빛이 살짝 들어오는 교회였다. 나는 어둠을 싫어했지만, 전등을 켤 생각은 하지도 못했다. 빛이 들어오는 맨 앞자리에 앉아서 십자가를 보면서 하나님께 따졌다.

　"저한테 도대체 왜 그러세요? 저는 어린 여자아이예요. 나를 남자로 태어나게 해주지도 않으셨잖아요. 차라리 남자로 태어나게 해주시지 그랬어요? 제가 무슨 힘이 있다고요. 아시잖아요. 우리 집은 망했어요. 돈도 없다고요. 저는 아는 것도 없어요. 뭘 배웠어야 말이지요? 제발 저 좀 그냥 내버려 두세요..."

이렇게 따지면서 한참을 울고 나면 속이 후련했다. 그러면 집으로 갔다. 그 다음 날에도 마찬가지로 기도를 한 후 교회를 나서는데 사모님과 마주쳤다. 사모님은 엄마에게 "집사님, 성경이가 아주 믿음이 좋아요."라고 하셨으나 그건 나를 잘 모르기 때문에 하신 말씀이었다.

마스크(mask) 전도

그 당시에 왜 그렇게 울면서 따졌는지는 기억이 없지만, 아마도 주님은 나에게 증인이 되라고 하셨던 것 같다. 왜냐하면 성인이 되어서 전도하라는 마음이 들었기 때문이다. 분명히 내 생각은 아니었기에 성령님이 주신 생각이라고 할 수 있겠다. 나는 그렇게 못 하겠다고 했다. 그랬더니 초등학교 3학년 때, 그렇게 내 사정을 아뢰며, 나한테 아무것도 시키지 말라고 나는 할 수 없다고 울면서 따졌던 기억이 났다. 다 잊고 있었는데, 기억나게 해주셨다.

그런데 나는 이제 이미 응답을 받은 것이 아닌가. 나는 성인이 되었고, 그 당시에 비해 뭔가를 할 수 있는 힘이 생겼다. 빚은 좀 있었지만 집도 있고, 먹고 사는데 문제가 없었다. 대학원도 이미 졸업해서 가방끈마저 길었으니 주님께 무어라 말씀드릴 수 있었겠는가.

그러나 나는 또 핑계를 댔다.

"주님, 보세요. 주변에 믿는 사람들뿐이에요. 그런데 어떻게 전도를 합니까?"

이상하게도 이웃사촌들은 하나 둘 이사를 갔다. 시간이 좀 지나자 주변에는 믿지 않는 사람들이 훨씬 더 많아진 것이다. 그러나 나는 여전히 전도를 하지 않았다. 부끄럽기도 했고, 내가 믿는 하나님에 대한 확신도 서지 않았고, 무엇보다도 무어라 말을 해야 할지 몰랐기 때문이었다.

권사 임직을 앞두고 전도폭발 1단계를 수강해야만 했지만, 그것은 내게 전혀 도움이 되지 않았다. 말씀을 달달달 외우게 하고, 강요하는 것 같아서 이상하게 거부감이 들었다. 믿음이 적은 나의 마음은 불순종으로 꽉 차 있었기 때문이다.

그런데 요즘은 사비를 들여서 마스크 전도를 하고 있다. 이제 더 이상 물러설 곳도 없고, 핑계거리도 없기 때문이다. 그것도 아주 소심하게 하고 있다. 사람들이 여럿이 있으면 절대로 할 수가 없다. 몇 번 거절을 받으면 마음에 상처도 되고, 조금 소심해진다.

엘리베이터에서 모르는 사람과 단 둘이 있으면 마스크를 드리라고 하는 것만 같고, 길을 걸을 때면 저 만치 앞에서 오는 분께 마스크를 드리라고 하는 것만 같다. 하지만 못하겠다는 생각 또한 동시에 든다. 드릴까 말까를 반복하는 것이다. 그렇게 여러 번 망설이다가 인사를 드린 후 "마스크를 선물로 드려도 될까요?"하면서 건넨다. 예수님에 대한 이야기는 입 밖에도 안 나온다. 하지만 이미 결신카드에 하고 싶은 말은 다 쓰여 있다. 그리고 그것을 마스크와 함께 포장하면서 '이 선물을 받는 이에게 구원이 있기를...'하고 기도하기 때문에 나는 괜찮다. 나는 그들에게 거절을 당하든지, 그들이 받아 주던지 간에 그냥 씨를 뿌릴 뿐 나머지는 주님의 몫이라고 배웠다.

이렇게 말하고 나니 내가 정말 믿음이 좋은 사람 같다고 느껴지지만 그건 아니다. 차를 타고 출근하거나 외출하게 되면 참 좋기 때문이다. 왜냐하면 불특정 다수를 대면하지 않아도 되고, 마스크를 선물하지 않아도 되기 때문에 신난다. 이런 나를 주님은 너무도 잘 아신다. 나를 훈련시키면서 기다려주신 주님의 자비로우심과 인내심이 정말로 대단하다.

못난 엄마 1

나처럼 인내심이 없는 엄마가 세상에 또 있을까. 딸아이가 배변 훈련을 할 때 나는 왜 인내심을 갖고 기다려주지 못했던가. 무엇이든지 빨리 배우고 행동하는 조카가 있다 보니 항상 그 아이와 비교를 하고 다그쳤던 것 같다.

부끄러운 얘기지만 딸아이는 일 년을 넘게 열 손가락의 손톱을 다 이빨로 물어뜯어서 손톱을 깎아줄 필요가 없었다. 그렇게 물어뜯은 못생긴 손톱을 볼 때마다 너무 마음이 아프고 미안했다.

현재 대학에서 유아교육을 전공하고 있는 딸아이는 교육학 책을 공부하다가 한 마디씩 한다.

"엄마, 그 때 나한테 왜 그랬어? 그러면 안 되는 거잖아. 공부하다 보니까 책에 이런 내용이 있네..."

"미안해. 엄마도 엄마가 처음이라 그랬던 것 같아. 정말 미안해."

그러면 딸아이의 마음이 조금은 풀어지는 것 같다. 딸아이를 통해 내 잘못된 교육 방법을 알게 될 때마다 나는 사과를 한다.

'그때는 내 마음이 너무 아팠어. 나 자신도 돌보기 힘들 만큼 말이야...'라고 말하고 싶었으나 참았다. 사실 나는 남편이 미울 때면 딸아이도 미워서 구박하기도 했다. 남편을 닮은 성격이 싫었다. 그렇지만 지금은 좋다. 내 성격을 닮지 않아서 감사한다.

임신과 출산

내가 태어나서 가장 많은 기도를 하고 낳은 딸이라 얼마나 소중한 존재인데, 딸아이한테 왜 그랬을까. 남편과 나는 신혼 초에 자녀계획을 세웠다. 의견이 일치하지는 않았으나, 남편은 둘을 낳아 키우자고 했고 나는 무자식이 상팔자라고 했다. 그래도 낳아야 한다면 결혼 후 2년 후에 갖자고 했다. 그런데 1년 만에 생긴 것이다. 그것도 실수로 말이다. 물론 지금은 하나님의 계획 안에 있었음을 안다.

내 나이 스물다섯. 남편이 좋기도 했지만, 지긋지긋한 집을 떠나고 싶은 마음도 있어서 빨리 결혼했다. 스물여섯에 임신을 한 것이었다. 두 줄이 간 임신테스트기를 보고 아무런 느낌이 없었다. 남편에게 보여줬으나 그도 별 반응이 없었다. 기쁘지 않은 것 같았다. 친정엄마와 언니의 반응도 좋지 않았다. 나이도 어린데 벌써 아이를 낳아서 어쩌려고 그러냐고 했다. 나를 사랑하는 마음에 내가 일찍부터 고생하는 것이 안타까워서 그랬으리라. 오직 외할머니와 시부모님만 기뻐해 주셨다.

그리고 며칠이 흘렀을까. 근무 중에 약간의 하혈이 있어서 산부인과를 찾아갔다. 유산할 수 있으니 조심해야 한단다. 회사는 멀고, 일은 해야만 하는 형편인지라 난감하기만 했다. 그래도 내게 주신 생명인데, 내가 반기지 않았던 게 아기에게 너무 미안했다. 혹시라도 아기를 잃게 된다면 내가 제정신에 살 수 없을 것만 같았다.

나는 라디오에 사연을 보내서 축하받으며 자축했다. 지인들에게 일부러 알려서 축하도 받았다. 그 당시에는 교회에 잘 다니지 않았지만, 기도를 드렸다.

"하나님, 잘못했어요. 건강하게 낳게 해주세요. 교회 열심히 다닐게요."

그리고 '복덩이'라는 태명을 지어주었다. "복덩아"라고 부르고, 배를 자주 쓰다듬으면서 태교를 했다.

교회는 중학교 때부터 안 다니다가 결혼과 동시에 시어머니의 교회에 출석했다. 교회에 다니기가 너무 싫었다. 결혼 당시에 양가 어머니들만 믿고 계셨는데, 결혼식 주례와 축도를 목사님들께서 해주셔서 교회를 안 다닐 수도 없는 상황이었다. 시어머니와 남편을 속여 가며 격주로 교회에 출석했다. 예배가 아니었다.

"여보, 우리 이번 주 일요일에 놀이공원에 가자."

이런 식으로 남편을 격주로 꼬여서 교회에 안 나갔다.

나는 양심도 없지!

"하나님, 잘못했어요. 건강하게 낳게 해주세요. 교회 열심히 다닐게요."

잠자는 시간만 빼고, 하루에도 수십 번씩, 근무 중에도 생각 날 때마다 그 세 마디의 기도를 주문처럼 속으로 달고 살았다. 태어나서 그렇게 기도를 많이 하기는 처음이었다. 약 일주일 간의 하혈이 멈추었다. 딸아이는 출산예정일에 딱 맞추어서 아주 건강하게 태어났다. 입덧은 약하게 약 1주일을 했고, 수중분만으로 정말 쉽게 낳았다.

'오! 주님, 참 감사합니다.'

그러나 나는 여전히 시어머니를 속여 가며 교회에 출석했다. 마치 출애굽한 이스라엘 백성이 그 많은 기적들을 체험하고도 주님께 불순종했듯 말이다. '어떻게 그럴 수가 있을까'하고 생각한 적이 있었는데, 그 모습이 바로 내 모습이다.

못난 엄마 2

내가 할 줄 아는 음식은 열 손가락 안에 꼽는다. 된장찌개, 고등어 김치찜, 불닭볶음, 김치콩나물국, 계란말이 등이다. 주로 외식하거나 배달시켜서 먹었지만 몇 개 안되는 음식으로 돌려 먹이면서 키웠다. 남편과 아이에게는 미안하지만 실력이 늘지를 않는다.

그렇지만 된장찌개는 정말이지 아주 잘 끓인다. 그 맛을 내기 위해 나는 약 1년 반 동안 같은 음식점에 가서 그것만 시켜 먹었다. 매주 2~3회 가량 그것만 먹으면서도 맛의 비결을 물어볼 수가 없었다. 나는 그 정도로 소심했다.

딸아이는 초등학교부터 고등학교에 다니는 내내 급식을 무척 좋아했다. 엄마가 음식을 잘 못 하면 아이가 그렇게 되는 것 같다. 친구들이 남기는 음식이라도 있으면, "너, 그거 안 먹니?"하고 물어본 후 그 음식을 더 먹었다고 한다. 아니면 급식 도우미님들에게 더 달라고 해서 먹기도 했다고 한다. 그러니 그분들이 얼마나 예뻐했을까. 딸아이는 가끔 그런다.

"급식이 나를 먹여 살렸어..."

나 또한 동의한다. 또다시 주님께 감사를 드린다. 우리 하나님께서 딸아이를 키워주셨다. 많은 사람들에게 사랑받도록 해주셨다. 전적으로 하나님의 은혜이다.

교습소 인수인계

어떤 목사님의 말씀처럼 하나님은 정말이지 시퍼렇게 살아계신다. 내가 경험해봐서 잘 안다.

작은 영어교습소를 운영할 때였는데, 나 혼자서 홍보하고, 상담하고, 교육까지 모두 전담했다. 집안 살림은 나 몰라라 하고 대학원 영어교육학과에 진학했다. 남편의 퇴직금을 당겨서 쓰고, 내 연금보험도 해약하고, 대출까지 받아서 등록금을 냈다. 남편은 몰랐겠지만 나에게는 언제나 이혼에 대한 큰 그림이 있었다.

그런데 정보가 없는 나는 첫 학기부터 어려운 과목을 수강했고, 주말이면 깨알 같은 영어로 쓰인 두꺼운 책을 보느라 토가 나올 지경이었다. 여러 가지를 한 번에 할 수 없는 내 체력으로 무슨 일을 이렇게 벌려 놓은 것인지... 내 자신이 한심했다.

학업을 계속 하기 위해서는 교습소를 누군가한테 넘겨야겠다는 생각이 들었다. 경기가 안 좋았기 때문에 도대체 누가 학원을 인수할 것인지 알 수 없는 상황이었다. 아니 이렇게 작은 학원에, 원생이 몇이나 된다고... 인수할 사람이 없을 거라는 확신이 들었다. 그렇다고 무책임하게 문을 닫을 수는 없는 노릇이었다.

'누군가 적임자가 나타난다면, 권리금의 10%를 감사헌금으로 드릴 텐데...' 하고 속으로 생각했을 뿐인데 바로 다음 날 인수하겠다는 사람이 나타난 것이다. 교습소를 아주 마음에 들어했다. 내가 생각했던 것보다 너무 쉽게 일이 진행되는 듯하니 10%가 사실 아깝다는 생각이 들었다. '5%만 할까?'

이미 건물주인과 부동산 사장님께 구두로 얘기해 놓은 상태였다. 그런데 부동산에서는 비어있는 2층과 함께 내가 교습소를 운영하고 있던 3층을 같이 쓰겠다는 선생님이 나타나자 바로 계약을 해버렸다. 이를 어쩌면 좋을까. 나를 믿어주는 아이들과 학부모님들을 두고 양심상 폐업신고를 할 수는 없었다. 근처에 적당한 교습소를 얻어야만 했으므로 최악의 상황이었던 것이다. 집주인에게는 내용증명서를 보내서 손해배상을 받으려고 했다. 연세가 있으신 집주인은 놀라서 전화를 주셨고, 봐달라고 사정사정을 하셨다.

우연히 믿음이 좋은 지인에게 이런 사정을 얘기했더니, 그것이 바로 서원 기도라면서 회개하라고 알려주었다. 나는 그 즉시 회개기도를 올렸다.

"하나님, 잘못했어요. 원래대로 10%를 감사헌금으로 드릴게요. 제발 이 상황을 잘 좀 정리할 수 있도록 도와주세요."

결국 권리금의 10%를 인수 받을 선생님의 이사비용으로 드리기로 하고 계약서를 작성했다. 물론 나는 권리금의 10%를 감사헌금으로 드렸다. 즉, 나한테서 20%가 나간 것이다. 내용증명서를 보냈던 일은 없던 것으로 해주었다. 하나님은 정말이지 계산이 아주 정확하고 확실하신 분이다. 나는 그날 이후 함부로 서원기도를 드리지 않는다.

사건 4

  명절 때마다 가족들이 펜션을 빌려서 놀러 가는 장 권사님이 참 부러웠다. 추석에 때마침 시어머니의 생신이 겹쳐서 남편에게 어머니 생신 겸 가족이 다 같이 펜션에 놀러 가자고 제안했다. 내가 가자고 남편을 부추겼다. 지금 생각해보면 사이도 안 좋은 가족끼리 무슨 여행을 간다고 그렇게 들떴을까 싶다.

  삼 형제는 이미 많이 취했지만 숙소 밖에서 술을 계속해서 마셨고, 시어머니는 옆 건물 황토찜질방에서 찜질을 하고 계셨다. 나와 동서들은 아이들을 재우려고 방으로 들어갔다. 큰 방이자 거실이 있고 한 쪽에 술을 마실 수 있는 바(bar)가 있었다. 동서들은 거기서 맥주를 한 잔 더 하고 있었고, 나는 아이들을 재우려고 같이 누웠다.

  그러자 둘째 동서가 나에게 이리 좀 와보라고 했다. 나는 싫었다. 그렇지만 아홉 살 많은 동서의 말에 차마 거절하지 못하고 동석했다. 그런데 어느 순간 둘째 동서가 막내 동서를 몰아세우며, 그때 왜 그랬냐고 따지면서 소리를 지르고 있었다. 그 순간 잊고 있었던 기억들이 파노라마(panorama)처럼 스쳐 지나갔다. 그래서 말도 잘 못하고 있던 막내 동서를 대신해서 내가 설명을 하고 있었다.

"그때 그건 이래서 이랬고, 저건 저랬고... 동서가 오해하고 있는 것이다."라고 했으나 이미 흥분한 둘째 동서는 내 말을 듣지도 않고, 막무가내로 소리만 질러 댔다. 그 모습에 나도 모르게 오른쪽 손이 올라갔다. 한 대 때려주고 싶었던 것일까? 그만 좀 하라는 의미였을까? 그 순간 내 머리채는 이미 둘째 동서의 손에 잡혀 있었고, 그녀의 다른 한 손이 내 입의 한쪽 끝부터 목을 타고 가슴 윗부분까지 휙 스쳤다. 약 20cm가량 손톱으로 할퀸 자국이 생긴 것이다.

"딸아, 아빠 좀 빨리 모시고 와."

나는 다급하게 딸아이에게 소리쳤다. 밖에 있던 가족들이 들어오기도 전에 폭행상황은 그렇게 마무리 되었다. 시어머니는 바닥에 떨어져 있는 많은 양의 머리카락이 누구 것이냐며 물었지만 가족끼리의 일이라 그런지 증거를 재빨리 없애고 쉬쉬하려 들었다. 만취한 남편은 내 편이 전혀 되어 주지를 못했다.

둘째 시동생은 화를 내며 그의 아내에게 짐을 싸라고 했고, 그들의 딸아이를 데리고 음주 운전을 해서 집에 돌아갔다. 막내 시동생 또한 마치 없는 사람처럼 있었던 것 같다. 그 성질에 자기 마누라가 그런 일을 겪었으면 가만히 있지 않았을 것이다.

시댁 식구들과 있으면 언제나 느꼈던 것이지만, 그날도 역시 내가 이상한 나라의 앨리스(Alice)처럼 느껴졌다. 아무도 아무 말도 없이 잠을 청하는 분위기였다. 이건 무슨 상황인가 싶었지만 아무런 행동을 취할 수가 없었다. 나는 바보인가. 다음 날은 시어머니의 생신이었다. 나는 속이 상했지만 내가 할 일은 다 마쳐야 할 것만 같았다. 조용히 미역국을 끓이고 아침식사를 준비했다. 식사를 마친 후 설거지까지 다 했다.

체크아웃하고 차를 타고 가면서 점점 끓어오르는 화가 참을 수가 없었다. 남편은 아무 말도 없이 운전만 했다. 집에 돌아와서야 이성을 찾을 수 있었다. 언니와 통화를 하고 난 후, 나는 입원을 했다. 머리채를 잡혀서 그런지 목이 뻐근했으나 솔직히 입원할 정도는 아니었다. 내 주된 목적은 둘째 동서에게 사과를 받는 것이었다.

나는 진단서를 발급받아서 고소를 했다. 막내 시동생을 통해 그런 말이 흘러 들어가면 겁을 먹은 둘째 동서로부터 금방 사과를 받을 수 있을 줄 알았다. 그러나 둘째 동서는 허위로 진단서를 발급 받은 후, 나를 맞고소 했다. 사과를 받아내려고 했던 일은 더 꼬이고 말았다.

사실 우리 집 주소지 관할 경찰서에 고소를 했으면 편했을 것이다. 교회에 같이 다니는 홍 집사님이 그곳의 경찰관이라고 들었던 것 같아서 그분을 혹시라도 만날까봐 옆 동네 경찰서로 갔다. 그런데 그곳에서 김 집사님을 만나게 될 줄이야. 나는 입가부터 목까지 난 상처에 살색 밴드를 이어 붙였고, 조금이라도 감추기 위해 목에 스카프를 두른 상태였다. 하필 그분이 민원실에 계실 줄이야. 되돌아갈 수도 없었다. 그분은 나를 민원 담당 직원에게 안내 후, 지인이므로 잘 부탁한다고도 말씀해 주셨다. 그 직원의 질문에 대답을 하며 고소장을 작성하다보니 울다가 볼 일을 다 보고 나왔다.

나는 수요예배 때마다 앞에 서서 마이크를 들고 예배 전 준비 찬양을 불렀다. 김 집사님은 항상 뒤쪽에서 예배를 드렸는데, 찬양하는 도중에 그 분이 보일 때마다 기도를 했다.

'나를 보며 실족하지는 않으셔야 할 텐데...'

몇 년 후에 그분은 장로님이 되셨고 내가 생각하는 그런 약한 믿음을 가진 분이 아니라는 걸 깨달았다. 아마도 주님께서 선한 방향으로 인도해 주시기를 기도해주지 않았을까 싶다. 모든 게 내 뜻대로 되지는 않았으나, 결과적으로는 주님께서 나를 선할 길로 인도해주셨기 때문이다.

문제는 맞고소를 한 둘째 동서네 주소지 관할 경찰서로 내가 출석해야만 했던 것이다. 우리 집 관할 경찰서에 신고를 했으면 그 동서가 오갔을 텐데. 그것 또한 억울했다. 그렇지만 그게 규정이라니 어쩔 수가 없었다. 동서네 관할 경찰서로 출석한 첫 날 담당 형사는 나에게 증인이 있냐고 물어보았다. 막내 동서랑 딸아이와 조카들이 다 증인이라고 했다. 그러나 미성년자는 증인이 될 수가 없다고 했다. 뭐 이런 경우가 다 있나 싶었지만 막내 동서가 증인이므로 걱정이 없었다. 그런데 그녀가 전화를 안 받는 것이었다. 그 형사가 여러 번 전화를 한 후에야 받았는데, 형님들이 서로 머리채를 붙들고 싸웠다고 대답했다. 이게 무슨 경우인지 알 수가 없었다.

 내가 분명히 막내 동서가 궁지에 몰린 쥐새끼 같아서 도와주려다 그런 것을 뻔히 아는 사람이 말이다. 귀가하는 내내 손발이 덜덜 떨리고 화가 났다. 다음 날 오전에 막내 동서에게 전화를 걸었다.

 "동서, 내가 언제 그랬어. 난 둘째 동서에게 손도 댄 적이 없는 걸. 자기가 다 봤잖아. 잘 생각해봐."

 그 동서는 내가 옳다고 하면서 그 형사한테 가서 다시 증언해 주겠다고 했다. 그 동서를 픽업해서 밥을 사 먹인 후, 남양주에 있는 경찰서로 갔다. 그 형사는 첫 증언이 맞는 것이지 번복하는 것은 의미가 없다고 했다. 가해자와 피해자를 동석시켜서 거짓말

탐지기라도 쓰자고 제안하고 싶었다. 그러나 말도 꺼내지 않았다. 그 형사는 이미 내 말은 믿으려고도 하지 않았기 때문이었다.

나는 왜 여행을 가자고 남편을 부추겼을까? 그냥 잠을 청할 것을 왜 동석했을까? 왜 나는 둘째네 부부가 떠나자마자 폭행 및 음주운전으로 신고를 하지 않았을까? 그렇다면 일이 더 쉽게 해결되었을 텐데... 너무나도 후회가 되었다. 나는 잠이 잘 오지 않았다.

남편이 출근하고 딸아이가 등교를 하자 나는 거실에서 꺼이꺼이 하고 숨이 넘어 갈듯 울고 있었다. 너무 화가 나고 억울하면 이런 울음이 나온다는 것을 처음 알았다. 바로 그때였다. 어디선가 주님의 음성이 들렸다. 이혼하지 말라고 하셨을 때랑은 음성이 확연하게 달랐다.

"참아라. 용서해라. 내가 갚아줄 거다."

아주 이성적인 음성이었다. 눈물이 뚝 그쳤다.

'그래! 남편이 모르고, 형사도 몰라줘도 돼. 우리 만군의 여호와 하나님이 다 아시는데 뭐. 하나도 안 억울해. 그래, 고소를 취하하자.'

며칠 동안 변호사를 찾아가서 상담 받고, 내가 당한 일을 곱씹으면서 얼마나 많은 속을 끓였던가. 며칠이 몇 년 같이 길게 느껴졌다. 내 온몸의 수분이 다 바짝바짝 말라가는 것처럼 느껴졌다. 그러나 그 말씀에 순종하자 마음에 평안이 찾아왔다.

그 당시에 나는 수출입 업무로는 경단녀(경력단절여성)가 되었으나 고소를 취하한 이후 같은 직종에 취직할 수 있었다. 그 회사의 부장님은 고용노동부에서 나를 특별히 잘 봐달라고 부탁을 했다면서, 나에게 고용노동부에 아는 분이 있냐고 물으셨다. 나는 없다고 하면서 웃었다. 그렇지만 알고 있었다. 그보다 더 훨씬 높은 곳에서 날 지원해 주시는 분, 우리 주님 덕분이라고 믿기에 감사했다. 비록 나는 이혼에 대한 마음으로 꾸준히 공부를 해왔지만, 우리 하나님 아버지께서는 그것조차도 선한 길로 인도해주셨다. 앞으로도 나와 함께 하실 주님이 더욱 기대가 된다.

용서하라는 말씀에 순종하지 않았다면 어떻게 되었을까. 아마도 나는 몇 년간 법정을 오가면서 뼈와 가죽만 남았을 것 같다. 또다시 감사가 나온다. 내 모습 이대로를 사랑하시는 주님. 내 신음소리도 다 듣고 계신 주님께 참 감사한다.

그러나 한 번씩 그때 일이 떠오를 때마다 성경 말씀이 생각나게 하신다. 언젠가 그 일로 인한 쓴 뿌리까지도 다 뽑아주실 주님을 믿기에 미리 감사드린다.

너희가 사람의 잘못을 용서하면
너희 하늘 아버지께서도
너희 잘못을 용서하시려니와
너희가 사람의 잘못을 용서하지 아니하면
너희 아버지께서도
너희 잘못을 용서하지 아니하시리라
(마태복음 6:14~15)

용서는 남을 위해서 하는 게 아니었다. 바로 나 자신을 위한 것이라는 걸 깨달았다. 내가 한 번 그런 일을 겪어보니 엄마를 이해할 수 있게 되어서 감사한다. 엄마 주변에는 정말이지 이상한 사람들이 많았다. 이제는 그들을 통해 엄마를 훈련시키셨음을 깨달았지만 그 당시에는 알 수 없었다. 내가 그랬던 것처럼 엄마도 엄마의 의지와는 상관없이 억울한 일을 많이 당한 것 같다.

할머니가 때리려고 했을 때 큰엄마나 작은엄마처럼 같이 때리거나 밀쳐냈다면 엄마도 더 이상은 맞지 않았을 텐데... 아빠가 때릴 때마다 경찰에 신고했으면 좀 덜 맞았을까? 왜 참으셨을까? 엄마가 얼마나 힘드셨을까. 법적으로 가족이 된 것이지만 가족은 가족인데 말이다. 남 보다 못한 가족이기에 더욱 힘드셨을 것 같다. 엄마는 명절이나 무슨 날만 되면 아팠다. 몸 보다 마음의 상처 때문에 더욱 그러했을 것이다.

감사 2

하루는 엄마가 밥을 지으면서 걱정을 했다고 한다. 쌀이 거의 다 떨어져서 이제 한 끼 분량 밖에 안 남았기 때문이었다. 그 당시 아빠는 무직 상태였다. 그런데 우리 교회 사모님께서 전화를 주신 것이었다.

"자매님, 댁에 쌀이 떨어졌어요?"

쌀값을 처음 주셨던 날 오전이었다. 함 목사님은 묵상 중에, "함 목사야, 이난영 자매 집에 쌀이 떨어졌다. 혼합곡 20kg을 당장 사가지고 가라."는 주님의 음성을 들었다고 한다. 그런데 그 목사님은 엄마를 잘 몰랐기에 사모님께 물어보았다고 한다.

"여보, 이난영 자매가 누구야?"

"있잖아요, 키 크고 삐쩍 마른 자매요."

그렇게 사모님을 통해서 쌀값을 주셨다고 한다. 그 후로도 몇 번 쌀값을 주셨다고 한다. 우리 가족의 일용할 양식을 그렇게 채워주신 주님께 감사드린다.

감사 3

딸아이를 낳은 후, 회사를 계속 다니다가 약 6개월 후 퇴사했다. 출산 전의 몸무게보다 살이 더 빠져서 그런지 외근 다니다가 몇 번 쓰러질 뻔했기 때문이다. 집에서 쉬면서 몸을 회복시켜야 했다.

그러다가 피아노가 배우고 싶어졌다. 초등학교 저학년 때 엄마를 조르고 졸라서 피아노 학원에 같이 갔던 기억이 떠올랐다. 엄마는 피아노 선생님께 한 참을 상담 받았지만 안 보내주셨다. 아니 못 보내준 것이다. 아빠가 하셨던 사업이 망해서 돈이 없었다. 엄마는 공장에서 일을 해서 멜로디언을 사 주셨다. 피아노학원에 못 보내주어서 미안하다면서 선물로 사 주신 것이다. 그거라도 받아서 좋았지만, 없는 형편에 학원을 보내달라고 엄마를 졸라서 죄송했다. 난 참 철이 없었다. 왜 넓은 집에서 살다가 작은 단칸방으로 이사 갔는데 어려운 형편인 걸 몰랐던 것일까.

그날 이후로 단 한 번도 금전적으로 엄마를 조른 적이 없다. 결혼할 때조차 부모님의 도움을 전혀 받지 않았다.

시어머니에게 한 시간씩 딸아이를 맡기고 피아노를 배우러 다녔다. '바이엘 하'까지 배웠는데 손가락 관절이 아파서 더는 배울 수가 없었다. 피아노를 배우려고 엄마를 졸랐던 그 당시에는 절대음감이었는데... 배우는 것도 모든 게 다 때가 있나보다.

그러나 나는 또 주님께 감사했다.

"제가 절대음감이라 어릴 때부터 배웠으면 참 유명한 피아니스트가 되었을 텐데요. 관절이 안 좋아서 중간에 눈물을 흘리며 관둬야 할까봐 처음부터 못 배우게 하신 건가요?"

호호호호 웃으면서 감사를 드렸다. 모든 것이 다 감사다.

딸아이 2

딸아이가 대학교에 합격했다는 소식을 듣고 너무 기뻤다. 어떤 학교에 합격한 것인지가 중요한 것이 아니었다. 물론 내가 이혼을 하고, 딸아이가 편부모 가정에서 자랐더라도, 잘 자라서 대학에 합격했을 것이다.

그러나 딸아이가 기뻐하는 그 기쁨의 순간을 내가 목도하는 것 자체가 기뻤다. 곁에서 함께 기뻐해줄 수 있는 것 자체가 행복했다. 내가 죽고 싶을 만큼 힘든 나날을 견뎌냈기에 물론 내 스스로 잘 견뎌낸 것은 아니었지만, 마치 주님께서 그에 대한 상급을 주시는 것만 같았다. 내가 힘들어서 딸아이를 잘 돌볼 수 없을 때에도 우리 주님은 늘 그 아이 곁에 계셨다. 그 은혜로 그 아이가 잘 자란 것을 알기에 감사드렸다.

그때가 결혼 20주년이 되는 해였는데, 나는 주님께 남편을 온전히 내어 맡길 수가 있었다. 참 평안이 찾아 왔다.

  남편은 하나님을 믿지 않는다. 나에게는 "교회에 자주 가지 마라. 십일조 하지 마라."라고 한다. 그러나 딸아이 관련해서는 하나님을 믿는 것 같았다. 아니 그 속에 있는 영은 알고 있는 것 같다. 남편과 나는 정말 하나부터 열까지 맞는 게 없었다. 연애할 때는 나에게 없는 면이 멋있어 보여서 좋았다. 그런데 결혼해서 살면서는 나와 다른 면이 너무나 보기 싫었다.

  그래도 딱 한 가지 '교육철학'이 맞아서 그동안 살 수 있었는지도 모르겠다. 우리 둘 다 딸아이의 성적은 중간 이상이면 되고, 밝고 명랑하고 건강하고 지혜롭게 자라기만을 바랐다. 학원을 잘 안 다녀서 그런지 딸아이는 또래 아이들 그 어느 누구보다 더 밝고 명랑했다.

  "여보, 당신과 나 같은 인간 사이에서 딸아이가 이렇게 밝고 명랑하고 건강하고 지혜롭게 자라는 것은 오직 하나님의 은혜라고 밖에는 달리 설명할 수가 없어."라고 말하면 남편은 고개를 끄덕였다.

지혜로운 여인

우리 교회에는 '가나안(Canaan) 땅'이라는 남성들 위주의 모임이 있다. 하나님 말씀 안에서 모든 남성을 예수 그리스도의 제자로 세우는 신앙 공동체이다. 감사하게도 남편이 속한 모세(Moses)조 팀장님의 노력 덕분에 남편은 되도록 그 모임에 참여하는 편이었다.

해마다 12월이면 송년회 겸 부부동반 모임을 가졌는데, 어느 날은 부인들에게 선물을 나누어 주었다. 그런데 포장지 앞면에 붙여놓은 말씀을 보고나서 뜨끔하지 않을 수가 없었다. 내가 바로 자기 집을, 그것도 자기 손으로 헐고 있는 미련한 여인이기 때문이었다.

> 지혜로운 여인은 자기 집을 세우되
> 미련한 여인은 자기 손으로 그것을 허느니라
> (잠언 14:1)

'주여, 저를 도와주세요. 제가 바로 미련한 여인입니다. 자기 집을 세우는 지혜로운 여인이 되게 도와주세요.'

알코올 중독

주님께 남편을 맡긴 후 2년이 지난 지금도 남편은 여전히 술을 많이 마신다. 이상하게도 취하지 않는다면서 많게는 소주 서너 병까지 마실 때가 있다. 그러고는 후식으로 맥주까지 마시기도 한다. 본인 스스로도 알코올 중독자인 것을 안다.

아침에 일어나서 식탁에 있는 빈 술병을 보면 화가 났었는데, 이제는 화도 안 난다. 그저 '주여'라고 한다. 나는 주님께 남편을 내려놓은 이후로 술 마시지 말라는 잔소리를 하지 않는다. 싸울 일이 없는 것이다.

'남편을 사랑하는 주님께서 언젠가는 만나 주시겠지.'

그동안은 누구처럼 어디 부러져서 하나님을 만난다든가, 가세가 기울어서 만나는 게 두려워서 이렇게 기도드렸다.

"하나님, 가랑비에 옷 젖듯 우리 남편을 만나 주세요."

아직까지 남편이 하나님을 인정하지 않는 것을 보니, 주님은 내

기도에 신실하게 응답해 주신 다는 것을 알 수 있다. 그래서 이제는 기도 제목을 바꿔서 올려 드린다.

"하나님, 남편을 만나 주세요. 폭포수 같은 은혜를 부어 주세요."

기도의 용사들에게 기도 제목도 알렸다.

나는 마태복음 7:7~8의 말씀을 붙들고 기도한다.

구하라 그리하면 너희에게 주실 것이요

찾으라 그리하면 찾아낼 것이요

문을 두드리라

그리하면 너희에게 열릴 것이니

구하는 이마다 받을 것이요

찾는 이는 찾아낼 것이요

두드리는 이에게는 열릴 것이니라

(마태복음 7:7~8)

이제는 안다. 나는 남편보다 술만 적게 마실 뿐 잘난 것이 하나도 없다. 나는 남편보다 부지런하지가 않다. 성실하지도 않다. 똑똑하지도 않다... 그런데 지난날 남편을 얼마나 무시했던가.

지한테 왜 그러세요

그날의 일로 남편을 업신여기고 살았다.

"주님, 저를 용서해주세요. 불쌍히 여겨주세요. 제가 남편에게 복종할 수 있도록 해주세요. 남편을 우리 가정의 영적리더로 세워주세요."

성경 말씀을 읽을 때마다 불편해서 도저히 순종할 수 없었던 그 말씀. 나는 이제 그 말씀에도 순종하기로 마음먹었다. 이제는 남편이 나에게 도둑질 같은 나쁜 일만 시키지 않는다면, 남편에게 전적으로 순종하기로 마음먹었다.

아내들이여
자기 남편에게 복종하기를
주께 하듯 하라
(에베소서 5:22)

글을 마치면서

내가 부유하고, 남편이 가정적이며, 사는데 별 문제가 없었다면 하나님께 돌아가지 못했을 것 같다. 오직 하나님만을 믿고 의지하게 해주시니 감사한다.

하나님의 말씀은 간단명료하다. 그런데 순종하는 것은 쉬운 것 같으면서도 이상하게 어렵다. 그렇지만 순종한 결과 나를 더 평안한 곳으로 이끄심을 분명히 경험한다. 자녀를 항상 선한 길로 인도하심을 믿기에 감사드린다.

결혼과 육아를 통해 나를 성숙하게 만드신 주님께 감사드린다. 내가 자녀를 키워보지 않았으면 과연 하나님 아버지의 마음을 이해할 수 있었을까. 딸아이에게 무언가를 해줄 때가 있지만, 무조건 해주지 않고, 기다리게도 하고, 아예 원하는 것을 주지 않을 때가 있다. 나를 사랑하시는 주님의 기도 응답이 왜 'Yes! No!

Wait!'인지를 잘 알겠다. 고난을 통해 주님 뜻을 알게 하신 것 또한 감사드린다.

그동안 나를 참고 견뎌준 남편에게도 감사한다. 사실 나는 하나님께서 남편을 무척 사랑하신다고 생각했다. 그래서 나를 (감히 내가 뭐라고) 남편 곁에 두고 남편의 구원을 바라고 계시는가 싶었지만, 이런 내 말을 들은 김 집사님은, "야, 네 눈에는 안 보이니? 너 하나 사람 만들자고 네 남편을 빙빙 돌리는 거!"라고 했다. 맞는 말이다.

나랑은 다를 수 있지만, 누구에게나 광야의 삶은 있다. 이 책을 읽는 분들 모두가 광야를 지날 때에 우리를 사랑하시는 주님의 마음을 깨닫는 데 오랜 시간이 걸리지 않기를 바란다. 주님의 말씀에 즉시, 온전히, 기쁘게 순종했으면 한다. 그게 바로 참 평안으로 가는 지름길이다.

가족은 물론 내가 만나는 모든 형제자매들이 구원받기를 간구한다.

주님께 다시 한 번 감사를 올려 드리며, 시편 23편으로 마무리를 하려고 한다.

여호와는 나의 목자시니

내게 부족함이 없으리로다

그가 나를 푸른 풀밭에 누이시며

쉴만한 물 가로 인도하시는도다

내 영혼을 소생시키시고

자기 이름을 위하여

의의 길로 인도하시는도다

내가 사망의 음침한 골짜기로 다닐지라도

해를 두려워하지 않을 것은

주께서 나와 함께 하심이라

주의 지팡이와 막대기가

나를 안위하시나이다

주께서 내 원수의 목전에서

내게 상을 차려 주시고

기름을 내 머리에 부으셨으니

내 잔이 넘치나이다

내 평생에 선하심과 인자하심이

반드시 나를 따르리니

내가 여호와의 집에 영원히 살리로다